Los 7 Secretos para el Éxito

Descúbrelos para lograr tus sueños

ANDRÉS PANASIUK

GRUPO NELSON

Una división de Thomas Nelson Publishers

Desde 1798

NASHVILLE   DALLAS   MÉXICO DF.   RÍO DE JANEIRO

Diseño: *Grupo Nivel Uno, Inc.*

ISBN: 978-1-60255-653-9

Dedicatoria

A mi padre, Andrés Panasiuk,
quien plantara en mi vida
las primeras señales de dirección
que, con el correr del tiempo,
me dirigieran por el camino del éxito.

CONTENIDO

CONTENIDO

Los 7 secretos
para el éxito

¿Otro libro sobre el éxito?

Hace algunos años tuve el privilegio de escribir un libro llamado *¿Cómo llego a fin de mes?*, también publicado bajo el sello Caribe-Betania Editores. Increíblemente para mí, ganó el premio al «Mejor Libro Originalmente Escrito en Español» en una feria internacional llamada *Expolit*, en la ciudad de Miami.

En el proceso de escribirlo, tuve que llevar a cabo varios trabajos de investigación que me resultaron de profundo interés. Entre ellos, la investigación sobre «religiones comparadas», que me llevó a descubrir ciertos principios universales que llevan a la prosperidad integral y el trabajo que realicé sobre literatura del éxito.

Algún tiempo después de la publicación de *¿Cómo llego a fin de mes?*, Caribe-Betania me invitó a presentarme en un almuerzo frente a muchos de sus distribuidores y dueños de librerías de todo el continente. Pensando en qué compartir con ellos y cómo ayudarles en sus negocios es que preparé una breve exposición de mis descubrimientos y conclusiones a la luz de los últimos doscientos años de literatura del éxito en Estados Unidos y su impacto en América Latina.

La charla se llamó «*Los Siete Secretos del Éxito*» y marcó el comienzo de una exitosa serie de exposiciones que me han llevado por todo el continente, incluyendo conferencias para políticos, empresarios, congresistas y profesionales reunidos en cámaras de comercio, eventos masivos, cumbres económicas y exposiciones en todo el continente.

La razón primordial de esta obra no es que se convierta en «un libro más sobre el éxito». La intención de mi corazón es poner en tus manos, en una forma simple y fácil de leer, el «jugo esencial y más potente» de ese trabajo de investigación que hice sobre el tema.

Si pones en práctica estas ideas, tu vida laboral y personal nunca será la misma.

Finalmente, es importante volver a recalcar que la mayoría de estas ideas no me pertenecen. Simplemente las descubrí a medida que realizaba mi trabajo de investigación. El cincuenta por ciento de los créditos deben darse a autores como John Maxwell, Steven Covey, Mike Murdock, Norman Vincent Peale, así como a escritores y pensadores sobre el tema del éxito del último par de cientos de años en todo el mundo. Lamentablemente, a estas alturas del partido todas estas ideas están tan integradas dentro de mi pensamiento, que me es difícil saber exactamente dónde terminan ellas y dónde comienzan mis propios conceptos.

El otro cincuenta por ciento de los derechos de autor se los debo dar a Dios, porque es gracias a su inspiración en mi persona y la inspiración de las Sagradas Escrituras que este libro ve la luz.

Andrés G. Panasiuk
Primavera del 2004

El secreto más
importante:

No existe un secreto
para llegar al éxito

El secreto más importante

No existe un secreto para llegar al éxito

No existe un «secreto» para llegar al éxito. No existe una manera fácil de lograr algo tan difícil. Existe, sí, mucho trabajo, mucho esfuerzo, mucho sacrificio, muchas horas haciendo tareas que nadie quiere hacer y sacrificando cosas que nadie quiere sacrificar.

El éxito requiere esfuerzo perseverante

Cervantes solía decir: «*La diligencia es la madre de la buena suerte*».

El éxito en la vida no tiene que ver con la «suerte» o con estar en el lugar apropiado en el momento oportuno. Tiene que ver con la forma en que realizamos nuestro trabajo a través del tiempo y nos mantenemos enfocados en una determinada meta por la suficiente cantidad de años.

Roboam, el hijo de Salomón, estaba en el lugar adecuado y en el momento oportuno cuando heredó la fortuna más grande del mundo. Sin embargo, tres días después, había perdido ochenta por ciento del reino que tanto trabajo le había costado construir a su padre y a su abuelo.

¿Cuántos gobernantes latinoamericanos estuvieron en el «lugar adecuado en el momento oportuno», pero malograron sus gobiernos y sus países por su propia ineptitud o por falta de valores y principios de vida adecuados?

Es importantísimo ser diligentes y trabajar esforzadamente, aunque eso por sí solo tampoco es suficiente. También hay que hacerlo en el transcurso del tiempo.

Ejercer un esfuerzo perseverante nos exige salirnos de la actitud y la cultura imperantes a nuestro derredor para comenzar a mirar la vida desde un punto de vista diferente. El problema que experimentamos como latinoamericanos es que las continuas dificultades de nuestros países han promovido desde nuestra niñez una actitud de «ya y como sea».

Por otro lado, Albert Einstein solía decir que los problemas que sufrimos el día de hoy no pueden ser resueltos con el mismo nivel de pensamiento ni con los mismos paradigmas que nos llevaron a tenerlos en primera instancia. Si queremos estar en un lugar distinto en la vida, tenemos que empezar a hacer las cosas diferente.

Tomemos como ejemplo el ámbito de las finanzas. En Latinoamérica, cuando tenemos la oportunidad de comprar algo o de realizar alguna inversión, tenemos una fuerte tendencia a considerar lo que sea más conveniente a corto plazo. Hoy tenemos y hoy gastamos, porque pensamos: «¿Quién sabe qué va a ocurrir mañana con la economía del país?»

Sin embargo, dentro del nuevo proceso de globalización económica esas presuposiciones quedarán arcaicas, fuera de contexto. Serán aquellos que vean sus vidas como una carrera de larga duración (incluso como una carrera que continuarán corriendo sus herederos) los que, eventualmente, lograrán los mejores resultados en la vida.

De acuerdo al libro *El millonario de al lado*, de Stanley y Danko, «más del ochenta por ciento de los millonarios en Estados Unidos hoy son gente común y corriente que han acumulado riquezas en una generación y que lo hicieron lenta y constantemente, sin ganarse la lotería».[1]

Entonces, no existe un secreto para llegar al éxito: el éxito tiene mucho que ver, por ejemplo, con el trabajo arduo y persistente a través del tiempo.

Confucio dijo: «*Nuestra mayor gloria no radica en que nunca hayamos fallado, sino en que, cada vez que fallamos, nos hemos levantado*».

El éxito requiere de tiempo

El rey Salomón solía decir: «*Los planes del diligente ciertamente tienden a la abundancia, pero todo el que se apresura alocadamente, de cierto va a la pobreza».²*

Lamentablemente, como mencionamos con anterioridad, muchos latinoamericanos nos identificamos más con la segunda parte del proverbio que con la primera. A muchas personas en nuestro continente les resulta difícil entender que el camino al éxito no es una carrera de cien metros planos, sino de cinco kilómetros... ¡y con obstáculos!

El éxito toma tiempo. Requiere *años* de esfuerzo. Como me dijo cierta vez un amigo: «En realidad, ¡llegar al éxito *de la noche a la mañana* tarda unos quince a veinte años!»

EL ÉXITO NO SE ENCUENTRA EN LA CIMA DE UNA MONTAÑA

El éxito tampoco es una «cumbre», sino un «camino», una senda que transitas cada día. Tú no llegas al éxito, más bien caminas exitosamente.

Mucha gente cree que debe *alcanzar* el éxito o que debe *subir* la escalera del éxito. Eso es un error. Ven el éxito como una cosa «puntual» en la vida. Sin embargo, después de mucho andar entre gente exitosa e investigar el tema, me he dado cuenta que uno no *llega* al éxito, uno *camina con éxito* en la vida, cada día y todos los días.

Son las pequeñas decisiones que tomas *cada día* las que te llevan por el camino correcto hacia las metas que tienes por delante.

Piensa por un momento: Si el éxito es una cumbre, ¿qué existe al otro lado? Lo único que puede haber es una caída cuesta abajo.

Es por eso que muchos de aquellos que llegan inesperada y sorpresivamente al «éxito» en sus carreras artísticas, deportivas o cualquier otra, luego no saben qué hacer con él.

La verdad es que tú no alcanzas el éxito. Tú *vives exitosamente* cada día. Para ello requerirás dos componentes esenciales en tu carrera: Necesitarás *ser* primero y *hacer* después... y es de eso que queremos hablar en el resto de este libro.

Hablemos del *ser*...

SECRETO NO. 1

Necesitas «ser» antes que «hacer»

Después de leer a Stephen Covey en *Los 7 hábitos de la gente altamente efectiva*, me he convencido de que el pragmatismo del «cómo hacer» dentro de nuestros países de habla hispana es resultado, primordialmente, de los últimos cincuenta años de literatura del éxito en los Estados Unidos.[3]

De acuerdo a Covey, en los últimos doscientos años de literatura norteamericana sobre el tema de cómo alcanzar el éxito en la vida, los primeros ciento cincuenta (aquellos años formativos del país como una potencia económica mundial), apuntan primordialmente al carácter personal como la fuente de la cual surgirían los elementos necesarios para triunfar. Me gustaría llamar a esta «la literatura del *ser*».

Esta literatura estuvo profundamente influenciada por el trasfondo religioso que los colonizadores de esas tierras trajeron desde Inglaterra y otros países europeos. Sólo basta pasearse por los monumentos dejados en el corazón de la ciudad de Washington para notar las numerosas referencias a Dios y los textos escritos sobre ellos tomados directamente de las Escrituras.

No era extraño que a finales de los años 1800 en escuelas como Harvard y Yale (dos universidades con raíces profundamente religiosas), los maestros enseñaran administración y economía con Biblia en mano, citando textos bíblicos con sus capítulos y versículos incluidos en las notas.

La literatura del *ser,* según Covey, apunta primordialmente a moldear nuestro carácter al tocar temas como la integridad, la humildad, la fidelidad, la valentía, el honor, la paciencia, el trabajo industrioso, la modestia y la simplicidad.

Es interesante que justamente sea ese tipo de consejos los que escribe a su heredera en sus famosas *Máximas para mi hija* Don José de San Martín, el famoso libertador argentino:[4]

1. Humanizar su carácter y hacerlo sensible, aún con los insectos que no perjudican (...)

2. Inspirarle amor a la verdad y odio a la mentira.

3. Inspirarle una gran confianza y amistad, sin descuidar el respeto.

4. Estimular en Mercedes la caridad a los pobres.

5. Respeto a la propiedad ajena.

6. No perder la buena costumbre de guardar un secreto.

7. Infundirle sentimientos de respeto hacia todas las religiones.

8. Dulzura con los criados, pobres y viejos.

9. Que hable poco y lo preciso.
10. Acostumbrarla a una conducta formal en la mesa.
11. Aprecio del aseo y desprecio de los lujos.
12. Amor a la patria y a la libertad.

No obstante, desde la década de los cuarenta en adelante se nota un incremento considerable de una literatura más superficial con respecto al tema del éxito. Es técnica, orientada hacia los procesos. El éxito comienza entonces a depender de la personalidad, las actitudes y el comportamiento. El énfasis en esta literatura, según Covey, tiene dos áreas fundamentales. Por un lado, se enseña al lector cómo manejar las relaciones interpersonales, y por otro se le enseña a tener una «AMP» (Actitud Mental Positiva). Esta es la que yo llamaría «la literatura del *hacer*».

Temas típicos de esta clase de libros podrían ser (y aquí cito títulos imaginarios): «Los cinco pasos para hacer amigos y venderles todo lo que usted quiera», «Cómo vestirnos para triunfar», «Lo que su mente puede creer, usted lo puede hacer», y otros por el estilo.

Este tipo de literatura no es errónea en sí misma, pero es importante entender que la literatura del *hacer* llega al público norteamericano después de ciento cincuenta años de énfasis en la literatura del *ser*. **Una construye sobre la otra**. El problema es que, al parecer, nuestras sociedades se han olvidado de la literatura que apunta hacia la formación de nuestro carácter, para enfatizar primordialmente en la que apunta hacia los procesos y técnicas pragmáticas. Eso es normal en Latinoamérica: Absorbemos todo lo que viene del norte sin filtros ni anestesias.

La literatura del *hacer* nos deja con una sensación de vacío, nos enseña a crear una máscara exterior y a aparentar lo que no somos con el fin de obtener los resultados que queremos. Estos procesos no son permanentes, como tampoco lo son sus resultados.

El *ser* en la vida es mucho más importante que el *hacer*.

La tensión entre el *ser* y el *hacer*, sin embargo, no parece ser nueva en la historia de la humanidad. Quizás se remonta tan antiguamente como a la relación entre Caín y Abel (los hijos de Adán y Eva). También es interesante notar, por ejemplo, que en la literatura profética setecientos años antes de Cristo, en los días del profeta Isaías, Dios rechaza la práctica del ayuno del pueblo de Israel y demanda que «*desate ligaduras de impiedad, suelte cargas de opresión, deje ir a los quebrantados, comparta el pan con los hambrientos, detenga el dedo amenazador y sacie el alma afligida*».[5]

De nuevo, el enfoque es más en nuestro *ser* que en nuestro *hacer*.

Es por eso que lo más importante en tu vida no es concentrarte en «hacer esto o aquello», sino esforzarte en desarrollar tu ser interior para que sea tu *ser* el que produzca tu *hacer*. El objetivo principal de este libro será, primero, animarte a producir en ti un cambio de personalidad. Cambiarte a ti interiormente para que ello transforme tu comportamiento. Darte un nuevo *ser* que impacte tu *hacer*.

En la religión cristiana (mayoritaria en América Latina), eso se llama «nacer de nuevo». San Pablo les dice a los griegos: «*Por lo tanto, el que está unido a Cristo es una nueva persona. Las cosas viejas pasaron; se convirtieron en algo nuevo»*.[6] Y, luego, en otro lugar anima a otro grupo de creyentes diciendo:

> *Finalmente, hermanos, piensen en todo lo que es verdadero, en todo lo que merece respeto, en todo lo que es justo y bueno; piensen en todo lo que se reconoce como una virtud, y en todo lo que es agradable y merece ser alabado.*
>
> *Practiquen todas las enseñanzas que les he dado; hagan todo lo que me vieron hacer y me oyeron decir. Y Dios, que nos da su paz, estará con ustedes siempre.*[7]

Es interesante notar en estas ideas que desde hace ya dos mil años se nos enseña que el *ser* debe preceder al *hacer*. No entiendo cómo nos hemos olvidado de esta gran verdad... Nota que San Pablo primero dice *piensen* y luego dice *hagan* (o «practiquen»).

Robert Freeman solía decir: «*El carácter no se forja en los momentos de crisis... ...sólo se demuestra*».

«*Carácter es lo que tú eres cuando nadie te ve*», decía D.L. Moody.

Necesitas embarcarte en un cambio del *ser*, antes que *hacer*.

Tu vida mejora en la medida en que TÚ mejoras.

Alguien dijo:

> «Siembra un pensamiento, cosecharás un acto; siembra un acto, cosecharás un hábito; siembra un hábito, cosecharás carácter; siembra carácter, cosecharás un destino».

Es por eso que creo firmemente que los cambios en tu filosofía de vida modificarán tus principios. Tus principios impactarán tus decisiones y tus decisiones impactarán tu futuro.

Dave Anderson cita un estudio realizado entre los más altos ejecutivos de las quinientas empresas más grandes de Estados Unidos (las *Fortune 500*). El estudio dice que el setenta y uno por ciento de estos ejecutivos indicaron que el carácter personal del individuo es la característica más importante en el proceso de ascenso en la escalera corporativa. La razón: Sin carácter personal ninguna otra tendencia tendrá importancia a través del tiempo.[8]

Anderson asevera que la falta de carácter personal que te llevará a la mediocridad se manifiesta en la informalidad para cumplir con las fechas límites para tus compromisos, falta de capacidad para perseverar en medio de las dificultades, negatividad a aceptar la responsabilidad individual por las acciones personales, no ser de confianza ni leal, una ética de trabajo deficiente y el estar motivado para decidir y actuar por motivos inapropiados, erróneos y egoístas.

Tengo un amigo en Estados Unidos que se compró una casa nueva hace algunos años atrás. Se llama Carlos. Después de vivir en la casa por unos seis meses, comenzó a notar que una de las paredes tenía una grieta. Tomó la guía de teléfonos, buscó un carpintero (hay que recordar que en Estados Unidos las casas están hechas de madera y yeso), y lo contrató para que arreglara la grieta que tenía la pared.

Después de un arduo día de trabajo, el carpintero terminó su labor y le pasó a Carlos una cuenta tan grande que mi amigo pensó que si se hubiera quedado otro día, ¡le habría tenido que entregar su primogénito!

Pasó el tiempo, y unos tres meses más tarde Carlos se levantó una mañana para encontrar no solamente que todavía tenía la grieta original en la misma pared que acababa de arreglar, sino que ahora tenía a toda la «familia grieta» en su pared: Papá Grieta, Mamá Grieta y como ¡siete u ocho grietitas en diferentes lugares!

Nuevamente llamó al carpintero que le había hecho el arreglo original para que le viniera a colocar otra vez el yeso a la pared con problemas. Dos días más tarde, la pared quedó como nueva (esta vez sólo le costó a Carlos un par de vasos de jugo de naranja y algunos emparedados que le ofreció al trabajador mientras reparaba el mal trabajo que había realizado desde un comienzo).

Los días pasaron, se hicieron semanas y una buena mañana Susana, la esposa de Carlos, se levanta para desayunar y se encuentra, de pronto, con un ejército de grietas en la misma infame pared. Allí estaba, frente a ella, toda la infantería, caballería y artillería del País de las Grietas.

Mi buen amigo, entonces, sintiéndose defraudado económicamente, decidió llamar a un carpintero diferente. Cuando el nuevo carpintero llegó, observó las grietas, examinó la pared, bajó al sótano de la casa, subió al techo y le dijo a mi amigo algo que realmente no se esperaba:

—No le puedo ayudar, señor —dijo el carpintero.

—¿Queeé? ¿Cómo que no me puede ayudar? ¿No es usted un carpintero? ¿No arregla paredes de yeso? —contestó Carlos.

—Sí, soy carpintero y arreglo paredes de yeso, pero usted no necesita un carpintero. Su problema no son las grietas. Usted tiene un problema en los cimientos de su casa. Las columnas de la plancha de concreto se están moviendo y hasta que usted no repare el fundamento de la edificación, siempre va a tener grietas en esa pared. Usted lo que necesita es un albañil.

Esa conversación no sólo proporcionó a Carlos una importante lección sobre cómo resolver problemas de construcción, sino que me ha proporcionado a mí a través de los años una buena ilustración sobre cómo resolver los problemas que no nos permiten alcanzar el éxito en la vida (cualquiera que sea la meta que tengamos por delante).

La mayoría de la gente ve las grietas que tiene en el camino al éxito en su vida, en su trabajo, en sus relaciones interpersonales o en sus negocios y creen que esas grietas en la superficie de sus vidas son los problemas que deben resolver. Es entonces cuando consultan con un consejero, contratan a un asesor o leen algún libro sobre cuáles son las cosas (o pasos) que deben *hacer* para salir del problema.

Sin embargo, mi experiencia personal me ha demostrado que, en la gran mayoría de los casos, los problemas que confrontamos en la superficie son sólo la consecuencia de otros problemas más profundos en nuestras vidas. Son el resultado de haber violado los principios, con «P» mayúscula, que gobiernan al mundo desde su creación.

A menos que establezcamos fundamentos sólidos e inamovibles en las bases de nuestra vida, nuestra pared del éxito continuará mostrando grietas. No importa las veces que creamos haber solucionado el problema con un parche por aquí y otro por allá. Primero debemos cambiar el *ser* para luego ser totalmente eficaces en el *hacer*.

John Maxwell afirma:

Más que simplemente existir, *vive*.
Más que simplemente tocar, *siente*.
Más que simplemente mirar, *observa*.
Más que simplemente leer, *absorbe*.
Más que simplemente escuchar, *oye*.
Más que simplemente presenciar, *entiende*.
Más que simplemente pensar, *reflexiona*.
Más que simplemente hablar, *por favor
    ¡di algo!*

Prepárate para cambiar.
Toma la decisión hoy mismo.
Alístate para ser la persona que cumpla el propósito para el cual fuiste creado.

SECRETO No. 2

Necesitas crecer cada día

Tú eres la fuente de inspiración de la gente que te rodea. Necesitas crecer, para que la gente que trabaja contigo crezca también.

Mucha gente cree que el éxito tiene que ver con las cinco «P»: Prosperidad, posición, poder, prestigio y placer.[9] No hay nada más lejos de la realidad.

El éxito en la vida tiene que ver con lograr cumplir el propósito para el cual uno fue creado y cumplirlo con excelencia. Cada uno de nosotros tenemos una carrera por delante que debemos correr. Algunos seremos científicos y otros empresarios, otros seremos profesionales, religiosos, trabajaremos en el campo o seremos obreros en algún negocio o fábrica.

Recuerdo haber leído en algún lugar de la Internet que los antiguos griegos tenían la costumbre de incluir en sus juegos olímpicos una carrera en la que los competidores llevaban una antorcha en sus manos. Para ganar, el corredor no sólo debía llegar en primer lugar a la meta, sino que tenía que llegar con su antorcha todavía encendida.[10]

El concepto de éxito que necesitamos aprender a manejar debe rechazar concentrarnos únicamente en las cinco «*P*» y ampliarse para incluir la idea de *prosperidad integral*.

La prosperidad integral tiene mucho que ver con esa ilustración atlética. No solamente es importante llegar exitosos al final de nuestra carrera de la vida, también debemos hacerlo con la antorcha encendida. Debemos llegar a nuestra meta con el resto de nuestra vida equilibrada en el contexto de nuestro tiempo, talento y tesoros (tanto los tangibles, como la prosperidad económica o la posición social, y los intangibles, como el amor y el respeto de nuestros hijos).

Después de vivir catorce años entrevistando, desarrollando amistades y aconsejando tanto a ricos como a pobres de nuestro continente, me he dado cuenta que mucha gente actúa como si el camino hacia las cinco «P» es lo único que importa en la vida (incluso, muchas veces dicen que hacen el sacrificio por su propia familia o por sus hijos). Tratan de alcanzar metas financieras en el menor tiempo posible. Se concentran tanto en ello que muchas veces arriesgan tiempo, talentos y tesoros para obtener beneficios económicos que al final, no les llevan a la satisfacción personal.

La vida abundante, otra de las formas de llamar a la prosperidad integral, no depende exclusivamente de nuestra capacidad económica. Depende de la manera en que elegimos vivir cada día y tiene más que ver con una actitud del corazón que con el estado de una cuenta bancaria.

Jesús, nuestro Señor, dice en el capítulo seis de San Mateo: «*¿No es la vida más que el alimento, y el cuerpo más que el vestido?*»

Un importante principio para recordar, entonces, sería que la tarea más importante en la vida es, justamente, *vivir*. Y el concepto «vivir» significa mucho más que meramente existir. Significa dejar de correr detrás de las cosas materiales y superficiales y procurar las cosas más profundas de la vida.

Debemos dejar de sacrificar las cosas trascendentes de la vida en el altar de lo intrascendente.

Entonces, no sólo necesitas hacer dinero cada día o subir la escalera del éxito. Es vital que tú aprendas a crecer. Necesitas aprender nuevas ideas, nuevos conceptos. Debes tener un hambre insaciable por crecer como persona para que la gente que te rodea (y que camina contigo o detrás de ti en la senda del éxito), pueda también crecer y desarrollarse integralmente.

Recuerda que tu empresa, tu familia o tu equipo de trabajo nunca se elevará más allá del nivel de tu propio carácter personal. Eres tú el que tiene que ser la fuente que los rete a elevarse a nuevas alturas. Eres tú quien debe mostrar que lo imposible sí se puede hacer.

Eres tú quien debe ser Napoleón Bonaparte en la batalla de Austerlitz, José de San Martín cuando inspiró a su ejército a cruzar la Cordillera de los Andes, Aníbal al conducir a sus tropas a través de los Alpes o Alejandro Magno conquistando grandes extensiones del mundo conocido en su época.

Recuerdo la historia de Carlos y José, dos amigos leñadores que se encontraron en el bosque una mañana. Carlos le dijo a su compañero:

—Oye, José, ¿por qué no vemos quién puede cortar más leña en un día?

—¡Magnífico! —respondió su amigo. ¿Cómo lo hacemos?

—Bueno, las reglas son sencillas: trabajamos cada hora cuarenta y cinco minutos y descansamos quince. Nos tomamos un tiempo para comer al mediodía y hacemos lo mismo por la tarde. Al final de las ocho horas de trabajo, vemos quién ha cortado más leña, ¿qué te parece?

—¡Me parece estupendo! —dijo José inocentemente y se fue a trabajar.

Sin embargo, cuando el astuto Carlos comenzó a cortar leña se le ocurrió una interesante idea. Dijo para sus adentros: *¿Por qué, en vez de trabajar cuarenta y cinco minutos y descansar quince, no trabajo los sesenta minutos corridos durante todo el día? De esa manera, cortaré mucha más leña que José y lo sorprenderé al final del día...*

La mañana y la tarde pasaron rápidamente mientras los leñadores trabajaban muy duro para ganar la competencia. Cuando llegó el final del día, ambos amigos se juntaron en un claro del bosque para comparar el resultado de su labor.

Primero fueron a ver el montón de leña cortada por el sagaz de Carlos, quien sorprendió a José con una cantidad grandísima de leña cortada.

—¡Increíble! —dijo José humildemente—. Parece que estuviste bastante ocupado.

Carlos asintió con la falsa humildad de ganador.

Sin embargo, cuando fueron a ver la cantidad de leña cortada por José, Carlos casi se cae de espaldas: ¡Su contrincante había cortado casi el doble de lo que él había hecho en todo el día de trabajo!

—Pero... ¡cómo puede ser!... ¡no es posible! —gritó Carlos bastante consternado—. ¿Cómo puede ser que hayas cortado más leña que yo? Se preguntaba con una incredulidad que le llegaba a lo profundo del alma.

—¿Cómo es posible que hayas cortado más leña si en vez de trabajar cuarenta y cinco minutos y descansar quince, trabajé los sesenta minutos de cada hora durante todo el día? —admitió el culpable.

El buen José quedó un tanto pensativo frente a la sorprendente confesión de su amigo. Luego respondió:

—La verdad es que no sé cómo corté tanta más leña que tú. Lo único que sí recuerdo es que cada vez que me detenía a descansar por quince minutos, *¡siempre tomaba tiempo para afilar el hacha!*

¡Cuántos de nosotros creemos que llegaremos mucho más lejos en la vida simplemente si trabajamos más! Eso no es verdad... uno siempre debe tomar tiempo en la vida para «afilar el hacha».

Si tú no creces, tu familia no crece, tu negocio no crece, la gente de tu entorno no crece...

y no eres tú el que te llevarás a ti mismo por el camino del éxito. Necesitas desesperadamente de la gente que te rodea.

Parafraseando a John Maxwell: Si quieres ser exitoso(a),

- *Toma tiempo para aprender grandes verdades.*
- *Toma tiempo para estudiar grandes conceptos.*
- *Toma tiempo para leer grandes autores.*
- *Toma tiempo para hablar con grandes hombres.*
- *Toma tiempo para visitar grandes lugares.*
- *Toma tiempo para inspirarte... ¡desarrollarte!*

Secreto No. 3

**Necesitas saber que:
«Aquello que estés dispuesto a
dejar atrás determinará qué tan
lejos llegarás en la vida»**

Este es un principio de vida que alguna vez le escuché decir a Mike Murdock y del que estoy convencido con todo mi corazón: Aquello que estés dispuesto a dejar atrás, determinará qué tan lejos llegarás en la vida.

El problema con mucha gente que quiere llegar al éxito es que no están dispuestos a pagar el precio para alcanzarlo. Sin embargo, muchas veces el «precio» no se mide en esfuerzo, tiempo o dinero. ¡Esas son las cosas más fáciles!

Muchas veces debemos aprender a dejar atrás otras cosas mucho más difíciles. Por ejemplo: ofensas, mentiras e injusticias. O, quizás, necesitamos dejar atrás asociados e, inclusive, familiares y amigos. En otras circunstancias (que son las más difíciles de todas), debemos dejar atrás *tentaciones*.

Hay tres grandes tentaciones para los caminantes en el sendero del éxito: La falda, la fama y la «lana».

¡Cuántas vidas exitosas se han destrozado por las faldas de una mujer, por el orgullo desmedido, por el amor al poder, a la ambición o por el dinero!

Tengo un amigo personal que es conocido de Bill Clinton, el ex presidente de los Estados Unidos. Me cuenta mi amigo que el presidente Clinton es un hombre de increíble capacidad intelectual y de una impresionante capacidad de liderazgo. Sin embargo, cuando se cuente la historia y el legado de su presidencia en los años por venir, lamentablemente, siempre estará asociado con el nombre de Mónica Lewinski.

¡El hombre que tenía bajo su control los arsenales nucleares más grandes del mundo no podía controlar sus propios pantalones!

Por otro lado, fue la ambición y el amor al dinero lo que llevó a la destrucción de imperios económicos como los de Enron o WorldCom.

Fue el desmedido amor a la fama y al poder lo que llevó a muchos de nuestros pasados dictadores latinoamericanos y a sus subordinados a fallar miserablemente en los gobiernos que establecieron y a provocar la desaparición de miles de personas en lo que en mi propio país se llamó la «Guerra Sucia».

El doctor Larry Burkett (1939-2003), que fuera fundador de *Conceptos Financieros Crown*, solía contar una interesante historia de dos amigos suyos que decidieron comenzar una empresa de fabricación de artículos electrónicos. Ambos eran cristianos religiosos y comprometidos. Asistían a la misma parroquia.

Uno de ellos colocó el capital para que se llevara a cabo el proyecto y el otro su conocimiento de ingeniería. Ambos crearon un producto que tuvo muy buena aceptación en el mercado y con el correr del tiempo (y mucho esfuerzo), la empresa comenzó a rendir una buena cantidad de ganancias.

Un día, el amigo ingeniero llegó a la fábrica y tuvo dificultades para entrar: La puerta no abría. Llamó a su amigo capitalista y le comentó el problema.

—Ya sé que no abre —dijo su amigo—. Es que la puerta tiene cerradura nueva.

—¡Ah! —exclamó el ingeniero—. ¿Y cuándo puedo pasar a buscar las llaves?

—Nunca —le contestó fríamente su ex amigo—. Ya tú y yo no trabajamos juntos. Invertí mucho dinero en este proyecto y ahora me pertenece.

El ingeniero, totalmente desconcertado, fue a ver al doctor Burkett. Le dijo que como se suponía que eran amigos e incluso, hermanos en la fe, nunca habían colocado sus arreglos por escrito. Realmente no sabía qué hacer...

Sin embargo, después de su charla y después de recibir el consejo de la Biblia, se dio cuenta

de que no podía llevar a juicio a su «hermano».[11]
Cuando sus intentos por lograr una reconcilia-
ción a través de la iglesia no tuvieron frutos, el
ingeniero decidió escribirle una carta a su ex
amigo y dejar todo en las manos de Dios.

Comenzó la carta recordándole a su ex socio
su relación personal y cómo habían decidido
crear la empresa. Le recordó el trabajo que él
había realizado para inventar el aparato electrónico que tanto éxito había tenido hasta el
momento, y le dijo también lo dolido que se
sentía por la forma tan desleal en que lo había
tratado.

Finalmente, escribió: «Sin embargo, como
los dos somos hijos de un mismo Padre del
cielo, quiero que sepas que te perdono lo que
me hiciste, a pesar de que te quedaste con más
de un millón de dólares que me debes. *Que Dios
te juzgue*».

Todo hubiera quedado allí, si no fuera porque algunos años después el socio inversionista
estaba en un serio aprieto económico (con deudas de hasta tres millones de dólares), y necesitó
vender la empresa. Cuando el comprador envió

a un representante a evaluar la situación de la compañía y a realizar una auditoría, en un momento dado, el auditor abrió un cajón de archivos, alzó una carpeta al azar y al abrirla, encontró archivada la carta del socio defraudado.

Inmediatamente el auditor llamó al comprador, le mandó la carta por fax y el comprador llamó al socio que había defraudado a su amigo.

—¿Qué tal, señor López? —dijo el comprador. Hemos hecho una auditoría de su empresa, sabemos que tiene deudas por tres millones de dólares y, de todas maneras, hemos decidido comprarla por cinco millones y medio de dólares.

—¡Magnífico! —dijo el socio vendedor, que desesperadamente necesitaba el dinero para salir de tantos aprietos económicos.

—Sin embargo —continuó el comprador— existe una condición.

—¿Cuál? —preguntó el mal amigo sin saber del descubrimiento de su trama.

—La condición es que su ex socio reciba dos de los cinco millones de dólares.

—¡¡Cómo!?

—Sí, señor. Quizás usted se preguntará la razón para esta decisión, y es que, Sr. López, yo también soy un cristiano comprometido y el día de hoy me he convertido *en el juicio de Dios para su vida*.

Uno puede imaginarse la cara del socio defraudado cuando una mañana, todavía medio dormido y a punto de salir para su trabajo, va a la caja del correo que tiene en el frente de la casa y se encuentra con un cheque por ¡dos millones de dólares!

Este secreto es una profunda verdad con la que me he encontrado a medida que recorro el continente (y el mundo): Aquello que estés dispuesto a dejar atrás determinará qué tan lejos llegarás en la vida.

Pausa por un minuto y piensa: «¿Qué debo dejar atrás?»

- ¿Ofensas?
- ¿Mentiras?
- ¿Injusticias?
- ¿Amigos?
- ¿Relaciones?
- ¿Tentaciones?

Hace un tiempo atrás recibí por Internet una historia que viene mucho a cuento. No sé quién es su autor [12], pero me pareció que refleja exactamente el proceso por el que debes pasar si quieres caminar exitosamente cada día:

«Una pequeña oruga caminaba un día en dirección al sol. Muy cerca del camino se encontraba un saltamontes:

—¿Hacia dónde te diriges? —le preguntó.

Sin dejar de caminar, la oruga contestó:

—Anoche tuve un sueño. Soñé que desde la punta de esta montaña miraba todo el valle. Me gustó lo que vi en mi sueño y he decidido realizarlo.

Sorprendido, el saltamontes dijo, mientras la oruga se alejaba lentamente:

—¡Debes estar loca! ¿Cómo podrás llegar hasta el tope de la montaña? Eres una simple oruga y una pequeña piedra para ti es como un monte y un charco es como el mismo mar. ¿No te das cuenta de la realidad? Esta es tu comunidad, aquí viven tus amigos. Deja de perseguir esos sueños imposibles y siéntate con nosotros a pasar la tarde o dormirte una siesta.

Sin embargo, el gusanito ya estaba lejos y no terminó de escuchar lo que el saltamontes le decía. Sus diminutos pies no dejaron de moverse. Algo dentro de sí le impulsaba hacia la cima.

Mientras la oruga continuaba su camino, del mismo modo que el saltamontes, le aconsejaron la araña, el topo, la rana y la flor. Todos le instaron a desistir de su sueño, a quedarse con ellos y hasta la llamaron *traidora* por pensar en abandonar el terreno en el cual habían crecido.

Ya agotada, sin fuerzas y a punto de morir, la oruga decidió parar a descansar y construir con su último esfuerzo un lugar donde pernoctar.

—Estaré mejor —fue lo último que dijo antes de caer en un profundo sueño.

Por tres días los animales del campo fueron a mirar los restos inmóviles de la oruga que se hallaban dentro del féretro de seda que ella misma se tejió.

Muchos pensaron: *Ahí están los restos del animal más loco del pueblo; se construyó como tumba un verdadero monumento a la insensatez. ¡El duro refugio dentro del que quedó atrapada es una buena ilustración de qué tan dura esta oruga tenía la cabeza!*

A la mañana siguiente todos los animales e insectos del campo se congregaron en torno a la oruga para hacerle un servicio fúnebre apropiado. Sin embargo, una tremenda sorpresa les aguardaba...

Aquel refugio tan duro que la rodeaba comenzó a quebrarse y con asombro los penitentes vieron aparecer unos ojos y una antena que no se parecían en nada a la oruga que ya creían muerta. Poco a poco, como para darles tiempo de reponerse del impacto, fueron saliendo del caparazón las hermosas alas multicolores de aquel impresionante ser que tenían frente a ellos: una bella y gigantesca mariposa.

No había nada que decir. Todos sabían lo que haría: se iría volando hasta la cima de la montaña y cumpliría de esa manera su sueño. Ahora, finalmente, entendían lo que había pasado: el sueño que guardaba la oruga en su corazón era, en realidad, la profecía de los cambios que ocurrirían en su vida.

Si no crees en tus sueños, nunca te prepararás para los cambios.

Si no dejas de ser oruga, nunca volarás.

Si no estás dispuesto a dejar el entorno en el que creciste, nunca llegarás a la cima.

Debes morir para vivir, perder para ganar, dar para recibir.

Sólo tú sabes las cosas que debes abandonar. Déjalas… y ¡corre con libertad la carrera que tienes por delante!

«Por tanto, nosotros también, teniendo en derredor nuestro tan grande nube de testigos, despojémonos de todo peso y del pecado que nos asedia, y corramos con paciencia la carrera que tenemos por delante, puestos los ojos en Jesús, el autor y consumador de la fe…»[13]

Carta a los Hebreos

Hablemos del *hacer*...

Secreto No. 4

Necesitas manejar tu tiempo con inteligencia cada día

Como te decía al principio de este libro, el éxito no se alcanza, el éxito se vive... todos los días. Si vas a alcanzar el éxito en tu empresa, si vas a lograr las metas y los sueños que tienes en el corazón, si vas a correr exitosamente la carrera que Dios te ha puesto por delante, necesitas hacer ciertas cosas *cada día*.

Es lo que haces *cada día* lo que, al final de cuentas, hace la gran diferencia.

Si quieres caminar en la senda del éxito, necesitas administrar tu tiempo exitosamente cada día.

Escuché una vez decir a Mike Murdock: «*Nunca he visto a un rico que no valore su tiempo, ni a un pobre que lo haga*». Quizás la frase sea un tanto exagerada, pero la verdad es que en nuestra cultura latinoamericana no valoramos el tiempo.

Puede ser porque los salarios son tan bajos que el tiempo de la gente no vale nada para nosotros. Entonces, lo derrochamos a diestra y siniestra.

Puede ser porque no nos damos cuenta que, a pesar del famoso dicho «el tiempo es oro», en realidad no lo consideramos así. La verdad, sin embargo, es que el tiempo es *vida*... y la vida es preciosa. Tu tiempo es uno de los pocos regalos de Dios que no puedes almacenar ni ahorrar. Lo inviertes bien o lo desperdicias.

Todos tenemos la misma cantidad de tiempo para vivir cada día y una cantidad máxima de días que hemos de vivir en este mundo. Entonces, sólo tenemos una cantidad de tiempo limitado, una cierta cantidad de horas, para cumplir con los sueños que tenemos en el corazón o con la carrera que Dios nos ha puesto por delante.

No nos debería importar el valor de la hora/hombre en nuestro país, porque no hay dinero en el mundo que te pueda comprar una hora más de vida. Cuando te llegue el momento de tu cita con tu Creador, no podrás quedarte en esta tierra ni un segundo más.

Medita en estas preguntas por un momento:

- ¿Cuál es la tarea para la que fuiste creado?
- ¿Cuál es la pasión de tu corazón?
- ¿Cuál es la razón por la que existes?
- ¿Qué es lo que deberías dejar como legado después de haber pasado tantos días en esta tierra?

El tiempo es precioso porque la vida es preciosa. Aprovéchalo. Disfrútalo. Vívelo. Adminístralo sabiamente. No derroches tu existencia. Deja una huella en el mundo.

Tienes una misión por delante y sólo cuentas con una cantidad limitada de tiempo para cumplirla.

Con frecuencia la gente me pregunta cómo hago para manejar tantas cosas al mismo tiempo: escribir libros y artículos, viajar, hablar en conferencias, producir programas de radio y televisión, ser parte del grupo de directores de varias organizaciones, establecer alianzas estratégicas con otras organizaciones hermanas y dirigir una organización multinacional con una gran cantidad de oficinas en todo el continente.

Algunos se preguntan cómo es posible que, comenzando en el gallinero de la casa de mis suegros, el día de hoy nuestra oficina del Departamento Latinoamericano en *Conceptos Financieros Crown* haya llegado a tener el presupuesto millonario que tiene.

A John Maxwell una vez le preguntaron lo mismo y él respondió que su secreto estaba en la forma en que administraba su tiempo cada día. Muchos de nosotros simplemente desperdiciamos el tiempo de trabajo al comenzar las tareas del día, en conversaciones superfluas, leyendo mensajes electrónicos sin importancia, o distrayéndonos con trabajadores que nos «caen» en la oficina para intercambiar «ideas».

Por ejemplo, John Maxwell ahorra:

En las actividades de la mañana: 5 minutos
Optimizando el comienzo del día: 10 minutos
Evitando distracciones: 5 minutos
Un receso más breve para comer <u>10 minutos</u>
TOTAL: 30 minutos de trabajo *extra* cada día

Esos treinta minutos de trabajo *extra* cada día, cuando los multiplicamos por cincuenta semanas de trabajo en doce meses, representan ciento veinticinco horas más disponibles para la creatividad o la labor que se lleva a cabo. ¡Son tres semanas de cuarenta horas *extras* al año!

Ahora uno puede darse cuenta cómo es que algunas empresas simplemente destrozan a la competencia o producen mucho más por menos costo.

A veces, el secreto no está en trabajar más... sino en trabajar *más inteligentemente*.

El secreto del éxito no se encuentra en determinar cuán ocupado uno está, sino en la cantidad de logros que uno ha tenido al final del día. Parafraseando a Henry David Thoreau:

«Lo importante no es saber *qué tan* ocupado estás, sino determinar *en qué* estás tan ocupado».

Una vez alguien me dijo: «Andrés, no puedes manejar el tiempo... sólo te puedes manejar a *ti mismo*». El tiempo corre y es un bien que no puedes ahorrar ni invertir para que te dé más de lo mismo en el futuro. Sólo uno puede administrarse a sí mismo de tal manera que logre más resultados en la misma cantidad de tiempo.

No hace mucho tiempo atrás tuve el privilegio de ofrecer un taller sobre administración del tiempo a la junta de directores, los líderes y un buen grupo de gerentes del Banco de los Trabajadores en Guatemala, una institución que considero uno de los mejores bancos del país. Allí hablamos de tres secretos para administrar inteligentemente el tiempo: *compromiso*, *comportamiento* y *corrección*.

LA NECESIDAD DE UN VERDADERO COMPROMISO

Si uno quiere ser exitoso en la gerencia del tiempo, debe tener el *compromiso* profundo de hacerlo.

Debe prestarle atención al tema y debe proponerse maximizar su tiempo de todo corazón. Si no hay un compromiso serio y no estoy absolutamente comprometido con la idea de que debo manejar inteligentemente mi tiempo, no hay sistema en el mundo que nos pueda ayudar.

EL REQUISITO DE UN CAMBIO DE COMPORTAMIENTO

Otro secreto en la administración del tiempo se encuentra en nuestro *comportamiento*. Hay siete cosas que podemos hacer para mejorar nuestro comportamiento con respecto al manejo del tiempo:

a. *Delegar*: aprender a desarrollar líderes y depositar confianza en ellos. Muchos de nosotros conocemos el famoso «Principio Pareto»: Enfocarte en el 20% de las cosas más importantes te producirá el 80% de los resultados, mientras que enfocarte en el otro 80% de tus prioridades te producirá solamente el 20% de los resultados. Lo mismo se aplica a la gente. Si inviertes tu tiempo en el 20% de tu gente más prometedora, obtendrás el 80% de los resultados que estás buscando en tu organización o negocio. Luego, podrás descargar en ellos muchas de las responsabilidades que ahora llevas sobre tus hombros.

b. *Ayudar a mi superior*: ver de qué maneras puedo ayudarle para evitar que mi tiempo se desperdicie. Fíjate la meta de ayudar a tu superior a ser la persona más exitosa posible y, en el proceso, tú también caminarás en el éxito.

c. *Tomar control de las reuniones*: Comenzar a tiempo y terminar a tiempo. Escribir en una pizarra o un pedazo grande de papel los temas y la hora en la que la reunión se habrá de terminar. Comprometerse a terminar a esa hora.

d. *Balancear calidad con cantidad de trabajo*: Aprender a aplicar el concepto de la *negligencia planeada* (lo explicaré

más adelante) y a controlar a los *tira-
nos del tiempo* que explicaré en un par
de párrafos más abajo.

e. *Usar el correo electrónico inteligentemente*: No pierdas tiempo con correos
inútiles, filtra los mensajes o, mejor,
pídele a tu asistente administrativo (o
secretaria) que filtre todos los correos y
te pase solamente aquellos que son
importantes para ti.

f. *Maximizar la energía personal*: Es
importante conocerse a uno mismo y
saber en qué parte del día uno tiene
más energía: ¿por la mañana o por la
tarde? Planea trabajar en los temas más
complejos en los períodos de tiempo
en que tienes más energía.

g. *Tomar tiempo para uno mismo*: Toma
tiempo para pensar, para estar a solas. Si
dejas que tu teléfono celular, el correo
electrónico o la mensajería instantánea
te interrumpan constantemente no ten-
drás tiempo para invertir en las cosas

que son importantes para ti. Establece un momento del día en el que contestarás cartas, mensajes y llamadas telefónicas. Toma tiempo para la creatividad, tiempo para soñar y para salirte del casillero en el que te han metido.

Un nuevo gerente le preguntó al presidente de una empresa en Estados Unidos si estaría bien cambiar de sitio a un supervisor que tenía su escritorio junto a la ventana. «Lo he visto un par de veces dejar de trabajar y quedarse como en sueños mirando hacia fuera».

—¡Ni se le ocurra! —dijo inmediatamente el presidente. El mes pasado, mientras pensaba mirando hacia fuera de la ventana, se le ocurrió una idea que nos ha ahorrado ¡casi dos millones de dólares!

Recuerda tomar tiempo para pensar. ¡Afila el hacha!

EL ELEMENTO MÁS CRÍTICO

Finalmente, el tercer secreto (y el más crítico) para manejar eficientemente el tiempo, es hacer todo con *corrección*, es decir, con orden en las tareas que uno realiza. Si no hacemos nuestro trabajo en forma correcta y ordenada, en algún momento vamos a pagar el precio por ello.

El propósito del orden es lograr un expediente de recuperación de lo que se busca. Es por eso que en casa uno siempre guarda los cuchillos, los tenedores y las cucharas en el mismo lugar de la cocina. Puede que sea divertido, pero no es muy eficiente el abrir todas las puertas de la alacena para saber dónde están los vasos y las tazas el día de hoy. Todo tiene un orden en el universo y ese orden nos permite predecir, por ejemplo, las estaciones del año y planear nuestra producción de alimentos de acuerdo con ellas. Tal es el orden en el universo que uno podría saber con bastante exactitud si el 15 de agosto del 2050 será luna llena o no.

Entonces, si quieres dominar sobre el tiempo y no dejar que el tiempo te domine a ti debes tener un *compromiso* personal en hacerlo, debes hacer un cambio inmediato en tu *comportamiento* y debes hacer las cosas con *corrección y orden*.

Cuando hablamos de traer «orden» a tu vida laboral o familiar, hablamos de trabajar en tres áreas específicas: (1) en el medio ambiente; (2) en las decisiones y (3) en las prioridades.

El ambiente en que funcionas debe estar en orden. Acostúmbrate a dejar tu escritorio limpio y ordenado al final de cada día.

Recuerdo aquellos años de mi vida en los que, al mirar mi escritorio, me preguntaba sinceramente si en vez de una secretaria no necesitaría mejor un arqueólogo. ¡Las montañas de papeles ya se estaban estratificando!

Tenía papeles que habían estado allí por tres meses, por seis meses, por un año... y una vez encontré un papel que había estado sobre mi escritorio ¡más de tres años!

Nuestras madres tenían razón al decirnos que «todo tiene su lugar», y era una sabia enseñanza para el resto de nuestras vidas. Tu oficina es el reflejo de tu vida interior. Si la oficina está en caos, es que tu vida sigue por el mismo rumbo. Nunca puedes caminar exitosamente en medio de la confusión. Toma tiempo para ordenar tu entorno.

Por otro lado, las decisiones que tomas también deben llevarte al orden. Alguien me animó una vez a que tratara de tocar cada papel en mi escritorio una sola vez. Fue un concepto revolucionario. Funciona de la siguiente manera: Cada vez que tomas un papel en la mano, te debes hacer las siguientes preguntas:

- ¿Lo descarto?
- ¿Lo archivo?
- ¿Lo resuelvo?
- ¿Lo pospongo? ¿Para cuándo?

Si lo pones en práctica, la vida se te hará mucho más fácil y no sufrirás de tanta ansiedad por las cosas que todavía tienes que hacer y que no dejan de mirarte desde tu escritorio.

Finalmente, tus prioridades deben llevarte al orden. John Maxwell, en un correo electrónico que me enviara hace algunos años atrás, nombra algunas de las razones más comunes por las que uno, como líder de una organización o negocio, muchas veces termina invirtiendo el precioso tiempo que tiene en el lugar equivocado.[14]

A continuación copio sus razones y mis comentarios al respecto:

1. La tiranía de lo «urgente».
2. La tiranía de lo desagradable.
3. La tiranía de lo incompleto.
4. La tiranía de lo aburrido.
5. El reinado de lo importante.

1. La tiranía de lo «urgente».

Si estás en el liderazgo de una empresa u organización es porque tienes la habilidad de resolver problemas. Sin embargo, si quieres manejar exitosamente tu tiempo, debes priorizar los problemas a resolver y resistir la tentación de resolver primero aquellos que hagan más «ruido». No siempre lo urgente es importante, y hay que ver si lo «urgente» ¡es realmente urgente!

Cuando alguna pareja viene a verme porque tiene serios problemas económicos, generalmente les escucho y luego les doy un estudio de doce lecciones para que hagan en la casa. Les pido que trabajen en las primeras tres y los despido hasta la semana siguiente. Esto a veces causa un gran revuelo.

—¿Cómo «hasta la semana que viene»? —me preguntan. ¡Ya estamos en una crisis urgente por resolver!

Sin embargo, sé que si ellos no forman un marco de referencia filosófico *juntos*, entonces no podrán tomar el *trago amargo* de la medicina que les tengo preparada para que salgan de su crisis. Primero el *ser*, luego el *hacer*.

Nunca debes sacrificar lo importante en el altar de lo urgente.

2. La tiranía de lo desagradable.

«*¡Cómete la comida y después te doy el postre!*», nos decía mamá en nuestra infancia y, muchos de nosotros, todavía tenemos la tendencia de hacer primero lo desagradable para luego tener el terreno libre y disfrutar de lo que realmente nos gusta hacer.

Quizá hoy sea un día en el que no vas a leer ningún correo electrónico, o tal vez no leerás ninguna carta. Quizás no vas a contestar el teléfono o no vas a tomar órdenes… Tú debes decidir qué es lo importante que debe quedar hecho al final del día de hoy y debes orientar la mejor parte del día, cuando tienes más energía y estás más alerta, a lograr esas metas.

3. *La tiranía de lo incompleto.*

Es bastante común que aquellos que tenemos listas de «cosas por hacer» terminamos el día sin completar todas las tareas que nos propusimos. Eso no es un problema. La pérdida de tiempo viene cuando colocamos las tareas que no quedaron hechas el día de ayer al tope de la lista del día de hoy.

Es importante encarar cada día como un mundo diferente y evaluar las tareas a cumplir cada día de acuerdo a sus propios méritos, no simplemente porque quedaron sin hacer el día de ayer.

4. *La tiranía de lo aburrido.*

A veces, cuando hay tareas tediosas o aburridas, preferimos hacerlas primero para «quitárnoslas de encima». Nuevamente: evalúa cada tarea y evita hacer primero lo aburrido para que te *dé permiso* de hacer lo que te gusta.

5. *El reinado de lo importante.*

Quizás una de las destrezas más críticas en tu camino hacia el éxito es, justamente, desarrollar el criterio apropiado para identificar las cosas que son realmente importantes para ti. Por esto es crucial que tengas bien claro cuál es la misión, la visión y los valores de tu organización o empresa. Esto te dará el marco de referencia para decidir cada día a qué dedicarás tu tiempo, tus talentos y tu esfuerzo.

Tan pronto determines qué es lo importante que debes hacer este día, comprométete a llevarlo a cabo, cueste lo que cueste. No lo dejes para mañana. No esperes hasta estar en el «ánimo correcto». No lo pienses demasiado y no trates de hacerlo 100% perfecto, especialmente si tienes tendencia al perfeccionismo. Simplemente, ¡hazlo! Lleva a cabo la tarea, ejecuta la acción lo mejor que puedas y prémiate cuando la termines.

En el siguiente capítulo te explicaré cómo dividir las tareas y problemas que vienen a tu vida diariamente de acuerdo a un nivel de prioridades. Es crítico aprender esta destreza. Perfecciónate diariamente en el arte de priorizar

tu vida y tu trabajo. Aprende a ser el dueño de
tu tiempo y a no vivir bajo su dominio.

«*No hay nadie que tenga mas tiempo que
tú. Es la disciplina y la gerencia de tu
tiempo lo que hace la diferencia. La gerencia del tiempo es, en realidad, la gerencia
de uno mismo*». BRISCOE

«*Después del perro, el cesto de la basura es
el mejor amigo del hombre*». B.C. FORBES

Secreto No. 5

Necesitas resolver problemas
cada día

Los problemas que resuelves cada día determinarán el valor que tienes para la sociedad. Son las *soluciones* que traes a este mundo las que te harán un empleado o empresario valioso frente a los ojos de los demás... **no** los problemas por los que te quejas.

LA RESPONSABILIDAD PERSONAL

El doctor Ron Jenson, en su libro *Cómo alcanzar el éxito auténtico*[15] observa que estamos viviendo una generación que, en vez de responsabilizarse personalmente por las situaciones adversas que debe confrontar, prefiere tomar una actitud de «víctima» frente a las vicisitudes de la vida. Esa es una actitud infantil e inmadura.

Lo reafirma Carlos Sykes, en su libro *Nación de víctimas*.

He aquí algunos ejemplos de Sykes:

> Un joven roba un auto de un estacionamiento, se enfrenta a balazos con la policía y cae muerto en el intento de fuga. La familia del ladrón demandó al propietario del estacionamiento por no tomar las medidas necesarias para evitar ese tipo de robos.

> Un maniático que admite haberse desnudado en público más de mil veces gana un juicio de discriminación contra el dueño de otro estacionamiento de autos porque el empresario no quiso darle

trabajo basado en su prontuario e historia de exhibicionismo sexual. El maniático gana el juicio porque dice que nunca se desvistió en un estacionamiento (siempre lo hizo en bibliotecas y lavanderías).

Un hombre de Chicago lleva a juicio por discriminación a los restaurantes *McDonald's* porque no tienen sillas lo suficientemente grandes para los obesos. El hombre medía casi dos metros de altura y tenía unos ciento sesenta y cinco centímetros de cintura. Con el veinte por ciento de la población de Estados Unidos obesa, quería forzar a todos los restaurantes a tener, por lo menos, veinte por ciento de los asientos ¡diseñados para gordos!

Nunca serás exitoso a menos que te adueñes de tus propios problemas y asumas la responsabilidad personal de resolverlos.

Si eres gordo, adelgaza. Si eres maniático, ajústate a la sociedad, y si eres ladrón, embustero o mentiroso, pide perdón a Dios por tus pecados y, como dijo Jesús nuestro Señor: «*Vete en paz, pero ya no peques más*».[16]

La destreza que
realmente importa

Por otro lado, si quieres caminar en la senda del éxito cada día necesitas convertirte en un experto en resolver problemas. Todos los grandes hombres y mujeres del mundo han tenido, y tienen, una gran capacidad para resolver problemas de una forma exitosa y metódica.

¿Cuál es el orden que deberíamos seguir para resolver nuestros problemas cada día? Si me lo permites, me gustaría compartir contigo el orden de prioridades y un sistema que alguna vez aprendí y que me resultó muy efectivo al momento de confrontar los problemas que surgen en mi departamento cada día.

Lo primero que aprendí es dividir las cosas que tengo que hacer o los problemas que debo resolver, en cuatro categorías. Hubo un tiempo en el que mi secretaria tenía cuatro sobres o carpetas en las que me ayudaba a dividir mis problemas de esta manera. Ahora, este arreglo lo hago de forma casi automática. Divide tus problemas en las siguientes categorías:

1. Importantes y urgentes.
2. Urgentes, pero no importantes.
3. Importantes, pero no urgentes.
4. Ni importantes, ni urgentes.

Esta división de mis problemas me ha ayudado a través de los años a enfocarme en las prioridades del día (tengo bastante problema con el asunto de «concentración y enfoque»). Hay tantas cosas que están ocurriendo al mismo tiempo y que me empujan en tantas direcciones distintas, que es importantísimo saber exactamente hacia dónde voy en el día si quiero terminarlo exitosamente.

También te ayudará a poner en práctica un nuevo concepto en administración empresarial: El concepto de *la negligencia planeada*. La «negligencia planeada» es una idea que se maneja en forma bastante frecuente entre los entrenadores de gerentes de alto nivel. No es una excusa para ser negligentes, sino representa la idea de que algunas cosas simplemente no las vamos a hacer, o al menos no las vamos a hacer *ahora mismo*.

En tu día de trabajo habrá algunas cosas que, por más que representen una «magnífica oportunidad» o sean tareas que otros esperan que cumplas, simplemente no las vas a hacer o las vas a transferir a otra fecha en el futuro porque no son parte de la visión o la misión de la empresa en la cual trabajas, etc. O quizás, simplemente se pueden clasificar como «ni importantes, ni urgentes».

Hace un tiempo atrás recibí por correo electrónico una historia que viene mucho a cuento en lo que estoy tratando de decir[17]. Aunque no recuerdo la fuente, pensé que de todas maneras la compartiría contigo para ilustrar este punto. Dice así:

Cierto día, un orador experto en motivación daba una conferencia a un grupo de profesionales. Para dejar claro un punto, utilizó un ejemplo que los profesionales jamás han olvidado desde entonces.

Parado frente al auditorio de gente muy exitosa dijo: —Quisiera hacerles un pequeño examen.

Desde abajo de la mesa sacó un jarro de vidrio de boca ancha y lo puso justo frente a él.

Luego sacó una docena de rocas del tamaño de un puño y empezó a colocarlas una por una en el jarro. Cuando el jarro quedó lleno hasta el tope y no podía colocar más piedras preguntó al auditorio:

—¿Está lleno este jarro?

—¡Sí! —contestaron todos los asistentes.

Entonces dijo:

—¿Están seguros? Y sacó de abajo de la mesa un balde de piedras pequeñas de construcción. Echó algunas piedras en el jarro y lo movió haciendo que las piedras pequeñas se acomodaran en el espacio vacío entre las grandes. Tras hacer esto preguntó una vez más:

—¿Ahora sí está lleno el jarro?

Esta vez el auditorio ya suponía lo que vendría y uno de los asistentes dijo en voz alta:

—Probablemente no.

—Muy bien —contestó el expositor. Entonces sacó de abajo de la mesa un balde lleno de arena y empezó a echarla en el jarro. La arena se acomodó en el espacio entre las piedras grandes y las pequeñas. Una vez más preguntó al grupo:

—¿Quedó lleno el jarro?

Esta vez varias personas respondieron en coro:

—¡No!

Una vez más el expositor dijo:

—¡Muy bien! Y sacó una jarra llena de agua y echó agua al jarro hasta que se llenó y empezó a desbordarse. Cuando terminó, miró al auditorio y preguntó:

—¿Cuál creen que es la enseñanza de esta pequeña demostración?

Uno de los espectadores levantó la mano y dijo:

—La enseñanza es que no importa qué tan lleno esté tu horario, si de verdad lo intentas, siempre podrás incluir más cosas.

—No —replicó el orador— en verdad, lo que esta demostración nos enseña es lo siguiente: si no pones las piedras grandes primero, no podrás ponerlas en ningún otro momento.

¿Cuáles son las piedras grandes en tu vida? ¿Un proyecto que deseas hacer realidad? ¿Tiempo con tu familia? ¿Tu fe, tu educación o tus finanzas? ¿Alguna causa que deseas apoyar? ¿Enseñar lo que sabes a otros?

Recuerda poner estas piedras grandes primero o luego no encontrarás lugar para ellas. Así
que hoy en la noche o mañana al despertar,
cuando te acuerdes de esta pequeña anécdota,
pregúntate: *¿Cuáles son las piedras grandes en
mi vida?* Y corre a ponerlas primero en tu jarra.

LA MEDIDA QUE MARCA TU
VALOR PARA EL MUNDO

Recuerda lo que dijimos al principio: son los
problemas que resuelves cada día los que determinan el valor que tienes para tu empresa, para
la sociedad y para el mundo. Si eres empresario,
son los problemas que resuelve tu empresa los
que determinan su valor para el mercado y,
eventualmente, su supervivencia o desaparición.

¿Cuál es el problema que estás resolviendo
con tu trabajo, servicio o empresa? Si no sabes
cuál es el problema que estás resolviendo en el
mundo, ¿cómo puedes vivir una vida exitosa?

Tengo un amigo que tiene una empresa mul-
timillonaria de producción de brocas (o barre-
nas) para taladros. Muchas veces pregunto en
mis talleres: «Mi amigo, ¿en qué negocio está?»

La gente contesta: «En el negocio de la industria metalúrgica», o «En el negocio de vender brocas». A lo que respondo: «¡Craso error!... ¡Mi amigo no está en el negocio de vender brocas... está en el negocio de *hacer agujeros*!»

Muy pocos hombres compran brocas para coleccionarlas. Uno las compra para hacer agujeros. Si mi amigo no entiende esta gran verdad (que está en el negocio de hacer agujeros y ese es el problema que le toca resolver en el mundo), cuando los japoneses inventen una forma más efectiva de hacer agujeros con rayos láser, ¡él se irá a la quiebra!

Eso fue exactamente lo que les ocurrió a las empresas que manufacturaban máquinas de escribir. Muchas de ellas se fueron a la quiebra porque no entendieron que el negocio de ellos no era la fabricación de máquinas de escribir. Ese no era el problema que estaban resolviendo. La gente no quería comprar máquinas de escribir, la gente quería crear documentos o procesar palabras.

¿Dónde está tu pasión? ¿Cuál es el problema que resolverás en el mundo?

No te preocupes por cuánto dinero harás. El dinero viene por sí solo si uno persigue la pasión que Dios escribió en nuestros corazones aún desde antes de nacer. El gran problema en nuestros días es que la gran mayoría de la gente se siente infeliz en el trabajo que tiene.

Estoy convencido de que, a no ser por una catástrofe natural o creada por medios políticos, uno puede hacer dinero en cualquier tipo de negocio si lo administra bien, por supuesto.

Recuerdo que en el libro *Cómo llego a fin de mes* (Caribe-Betania Editores) cuento la historia de un doctor en Estados Unidos que se encuentra en su casa y de pronto, su esposa le grita desde el segundo piso:

—¡Querido, llama al plomero porque se está desbordando el agua del inodoro!

Entonces, el doctor toma el teléfono y llama al plomero. Unos momentos más tarde llega el plomero, sube al baño y en tres minutos saca un patito de goma que estaba atascado en el inodoro. Baja y le pasa la cuenta al dueño de casa por $75.00.

El doctor reacciona de inmediato:

—Un momentito —le dice— soy doctor y nunca he ganado $75.00 en tres minutos.

A lo que el plomero replica:

—Es cierto, cuando yo era doctor, ¡tampoco!

Es verdad que en Estados Unidos la mano de obra se cobra carísimo y que no es así en los países de nuestra Latinoamérica. Sin embargo, el principio es el mismo: no es necesario que uno sea un doctor o abogado para mantener a su familia. Uno puede ganarse el pan de cada día haciendo casi cualquier cosa... con tal de que siga la pasión que tiene en su corazón.

Estoy convencido de que Dios nos ha creado a cada uno de nosotros con una misión, un plan. Es cuando descubrimos esa misión, ese plan, ese problema que Él quiere que solucionemos, que nos sentimos realizados como personas.

Tengo amigos que han hecho millones de dólares vendiendo chatarra. Otros, vendiendo motores, partes de computadoras o ropa de bebé. Conozco una viuda que educó a sus hijos hasta la universidad, amasó una fortuna y pagó por la construcción del edificio donde se congrega su iglesia vendiendo tortillas mejicanas.

El secreto para caminar exitosamente en la vida no sólo se encuentra en resolver problemas, sino en resolver los problemas correctos.

¿Hay algo que te molesta? ¿Algo que «te pone los nervios de punta»? Quizás tú eres la persona que debe resolver ese problema en el mundo.

Leo Gerstenzang inventó los hisopos o copos de algodón cuando vio a su esposa limpiando los oídos de su bebé con un palillo de dientes y pedacitos de algodón. Descubrió un problema y proveyó una solución.

Ole Evintrude se enojó cuando su crema helada se derritió en su bote de remos antes de llegar a la isla donde pasarían un día de campo, lo que le llevó a inventar el motor fuera de borda.[18]

¿Cuál es el problema que estás resolviendo en tu vida? ¿Cuál es la solución para la cual Dios te ha creado?

Son los problemas que resuelves cada día, los que determinan el valor que tienes como persona para tu empresa, para la sociedad y para el mundo. Recuerda, no los problemas por los que te quejas, sino los que resuelves.

¡Deja de quejarte y resuelve!

Secreto No. 6

Necesitas evaluarte
cada día

Si quieres que tu caminar diario por el sendero del éxito sea cada vez mejor, necesitas evaluarte honestamente y con regularidad.

Cada noche, en la intimidad de tu hogar, después de tus oraciones y antes de irte a dormir, piensa:

- ¿Qué me salió bien en el día de hoy?

- ¿Qué debo repetir mañana?
- ¿Cuáles fueron los desafíos de este día de trabajo?
- ¿Cuáles son las cosas que jamás debería volver a repetir?

Muchos de nosotros no nos evaluamos porque tememos mirar cara a cara nuestros desaciertos. Asociamos los errores cometidos con algún tipo de debilidad en nuestro carácter o en nuestra personalidad.

Sin embargo, no debes tener temor de cometer errores. Confucio dijo: «Nuestra mayor gloria no está en que nunca hayamos caído, sino en que cada vez que caemos, nos hemos levantado».

En la senda del éxito, las caídas y los errores te forman o te destrozan. En realidad, no es el error lo que cuenta, sino la manera como respondes a él.

Responder apropiadamente a las caídas requiere, por un lado, de una sincera evaluación personal para entender las causas que condujeron al error. Por el otro, exige humildad y tenacidad en proporción suficiente como para aprender la lección recibida de los errores, realizar los cambios necesarios, ponerse de pie, sacudirse el polvo de la ropa y continuar avanzando.

Los errores no son eventos puntuales en la vida, no ocurren simplemente «por arte de magia». Los errores son el resultado de un proceso que nos llevó hasta esa situación. Tomemos, por ejemplo, el divorcio. Muchos me dicen: «Andrés, ¡que problema tan serio este del divorcio!»

Sin embargo, el divorcio no es el problema sino simplemente la *consecuencia* de una serie de problemas. El divorcio es el resultado final de la acumulación de problemas que tiene la pareja: problemas de comunicación, problemas para resolver conflictos, problemas con sus prioridades personales, problemas de valores o problemas para relacionarse y tratarse como seres humanos.

Cuando una pareja contempla la ruptura de la unidad familiar, en realidad esa separación no sucede cuando la pareja se divorcia. El divorcio fue la expresión externa de la desintegración que la familia venía viviendo internamente ya por un tiempo considerable.

Así mismo ocurre con las faltas. Ellas son la expresión externa y el resultado final de un proceso que nos llevó a cometerlas.

No obstante, es muy importante aceptar que todos cometemos errores. Si eres un ser humano y respiras, entonces cometerás errores hasta el último día de tu vida. Existe un estudio realizado por la profesora Lisa Amos, de la Universidad Tulane[19] que revela que los empresarios de éxito se han ido a la quiebra un promedio de 3.8 veces antes de levantar el negocio que realmente les funcionó.

Luego de viajar por los cinco continentes y enseñar a cientos de miles de personas, me he dado cuenta que la gente realmente exitosa es aquella que tiene la habilidad de convertir constantemente los limones agrios en una refrescante limonada y las caídas en triunfos.

James Russel Lowell solía decir que «los errores son como los cuchillos: te sirven o te cortan... todo depende por dónde los tomes, si por el filo o por el mango».

Si quieres una evaluación sincera de la causa de fondo por la cual cometiste algún error, pregúntale a tu cónyuge. Generalmente el esposo o la esposa tiene una perspectiva mucho más neutral de las cosas que uno mismo debería mejorar.

Escribe un diario. Toma notas. Reflexiona sobre el día que ha pasado y desarrolla tu plan de acción para el día que viene por delante.

Aprende de los errores de los demás pues nunca vivirás lo suficiente como para cometer todos los errores necesarios para aprender a caminar exitosamente día tras día.

Convierte tus desaciertos en tus mejores amigos. Toma tiempo para estudiarlos, invierte esfuerzo en comprenderlos. Aprende de ellos.

Sydney Harris escribió:

«Un ganador es aquel que sabe cuánto le queda por aprender, aún cuando los demás le consideren un experto. Un perdedor quiere que los demás lo consideren un experto, aún antes de haber aprendido lo suficiente como para entender lo poco que sabe».

Una última recomendación personal: busca algunas amistades de mucha confianza (dos a

cinco personas, todos del mismo sexo) y establece un equipo de autoevaluación al cual puedas dar
cuenta por los actos de tu vida. Por tus logros y
por tus fallas. Por tus áreas fuertes y por tus áreas
débiles. Personas a las que tengas que rendir
cuenta de tus actos y de quienes recibas consejo.

Tengo un par de amigos con los que me
reúno con cierta regularidad y a quienes he dado
permiso para que me hagan preguntas que
apuntan a fortalecer mi vida laboral, mi vida
familiar y mi vida interior. Preguntas, por ejemplo, como estas:

- ¿Has dado lo mejor de ti esta semana y
  has hecho cada tarea con excelencia?
- ¿Has hecho algo que podría dañar tu
  reputación?
- ¿Has estado en alguna situación com-
  prometedora con alguien del sexo
  opuesto?
- ¿Has pasado cantidad y calidad de tiempo suficiente con tu esposa y tus hijos?
- ¿Te has comportado de una manera
  íntegra e irreprochable delante de Dios
  y de los hombres?

El ser responsable delante de alguien por el desarrollo de nuestra vida y nuestro carácter ayuda tremendamente a enfocar nuestra atención y nuestra energía en fortalecer áreas flojas en nuestra personalidad y a prevenir problemas de carácter en el futuro. Busca a alguien que sea tu mentor, pero asegúrate que sea alguien que haya salido triunfante, a pesar de haber pasado por errores y caídas en su vida o en su empresa.

Algunas recomendaciones y pensamientos finales...

Leí en algún lugar:

- Toma unos minutos cada día para evaluar tu vida.
- Toma un día doce veces al año para evaluar tu mes.
- Toma una semana del año para reflexionar en el pasado y mirar hacia el futuro.
- Toma un tiempo cada día para arreglar tus cuentas con Dios.

Mírate con honestidad,
Cuestiónate con liberalidad,
Arrepiéntete con integridad y
Cambia con humildad y valentía
las cosas que necesites cambiar
en tu paso diario por el sendero de la vida.

Secreto No. 7

Necesitas aprovechar las oportunidades que se presentan cada día

Presta atención a las oportunidades que aparecen cada día. Búscalas. ¡Aprovéchalas!

El doctor Luis Palau una vez me dijo:

«*No abras ninguna puerta que Dios cierra, pero tampoco cierres ninguna que Él te abra*».

De pequeño una vez escuché la historia de un artista al que le encargaron que creara una «Estatua de la Oportunidad» para una oficina corporativa. El día en que develaron la escultura, la gente notó con asombro que tenía una venda en los ojos y no tenía brazos, aunque sí tenía alas en los pies.

Al preguntarle al artista el significado de la escultura, explicó: «La oportunidad tiene una venda en los ojos, porque cuando viene, nadie la ve. No tiene brazos, porque cuando uno la descubre, es difícil de asir. Y tiene alas en los pies, porque así de rápido como apareció en nuestras vidas, ¡se va volando!»

Una de las habilidades más importantes que te ayudarán a caminar exitosamente en la senda que tienes por delante es, justamente, el saber aprovechar las tremendas oportunidades que surgen a tu alrededor cada día.

La palabra «oportunidad» viene de la expresión latina *ob portu*, que significa «fuera del puerto». En la antigüedad, cuando un barco llegaba a su destino debía esperar la marea alta para acercarse al puerto. Cuando el barco se hallaba en pleno mar, fuera de la zona portuaria, esperando las condiciones apropiadas para acercarse a tierra se decía que el barco estaba *ob portu*.

De allí proviene el concepto de la oportunidad: cada uno de nosotros tiene que estar a la expectativa, aplicando todos nuestros sentidos para identificar el momento apropiado que nos permitirá entrar al puerto de la provisión extraordinaria y así avanzar más rápidamente en nuestra travesía del éxito.

Me ha resultado interesante descubrir en Latinoamérica muchas personas que piensan que para ser exitosos debemos mudarnos de ciudad o de estado, o incluso, que deberíamos irnos a vivir a Europa o a los Estados Unidos.

En realidad, no creo que eso haga una gran diferencia. Uno puede encontrar tremendas oportunidades de éxito en el lugar donde se encuentre.

Durante la terrible hambruna irlandesa entre los años 1846 y 1851, la población de Irlanda descendió en casi un treinta por ciento. Las condiciones de vida para los sobrevivientes eran catastróficas. Sin embargo, John Bloomfield, dueño del Castillo de Caldwell, no se había dado por vencido.

Mientras trabajaba un día en el campo limpiando lo que había quedado de sus sembradíos de papas, notó que los techos de las cabañas donde vivían sus trabajadores habían adquirido un color blancuzco. Al preguntar, le explicaron que el color se debía a los depósitos de una arcilla muy blanca y fina que abundaba en sus tierras.

Ansioso de proveer comida y trabajo para sus empleados, Bloomfield comenzó una humilde fábrica de vajillas de cerámica en el pueblito de Belleek en 1857. La arcilla, sin embargo, resultó ser de una calidad tan fina e inusualmente alta, que la fábrica pudo comenzar a producir porcelana casi transparente con una calidad parecida al cristal.

Los trabajadores inmediatamente se dieron a la tarea de desarrollar una vajilla clásica con motivos netamente irlandeses que se convirtió en un éxito inmediato en toda Europa. El día de hoy, la porcelana de Belleek es apreciada por coleccionistas de todo el mundo y se ha convertido en un negocio multimillonario que nació en medio de una nación en ruinas.[20]

Uno no necesita vivir en una economía floreciente para experimentar el éxito. Uno necesita entender los tiempos en los que vive y aprovechar al máximo las oportunidades que la vida nos presenta a diario. No hace falta viajar lejos para alcanzar el éxito. A veces, el éxito está al alcance de nuestras manos... delante de nuestras narices. ¡Abre los ojos!

En 1847, un hombre en el norte de California vendió su pequeña parcela de tierra a un coronel de apellido Sutter con el fin de poder tener suficiente dinero para mudarse al sur del estado para buscar oro. Un día, la pequeña hija de Sutter estaba jugando con arena de un arroyo cercano frente al fogón de la casa. De pronto, su padre notó que algo brillaba y se derretía entre los granos de arena que la niña había traído a la casa.

Así fue como empezó la fiebre del oro en el oeste de Estados Unidos. Esa finca se convirtió en la mina de oro más grande de California, rindiendo hasta el día de hoy un total de ¡treinta y ocho millones de dólares!

Para alcanzar el éxito, no necesitas ir a buscar oro a otro país. Primero necesitas ver si no tienes la mina de oro más grande del mundo ¡en el patio de tu casa!

Siempre me atrajo la historia de cómo Harrison Ford (protagonista de *Star Wars*, *Indiana Jones*, etc.), fue lanzado al estrellato.

Ford había hecho varios intentos infructuosos por entrar en el mundo de Hollywood. No obstante, como no ganaba suficiente dinero como actor, decidió dedicarse a la carpintería: sacó libros prestados de la biblioteca pública y se convirtió en un autodidacta en el arte de la carpintería y la construcción.

En eso estaba justamente, construyendo la entrada a una oficina para Francis Ford Coppola, cuando escuchó a George Lucas gritar que necesitaba alguien que pudiera leer unas líneas en el libreto de una nueva película de ciencia ficción. Harrison identificó la oportunidad de inmediato. Lanzó el martillo al piso y saltó al escenario ofreciéndose de voluntario.

La película se llamaba *Star Wars* [La Guerra de las Galaxias], y el resto es historia.

Mi padre (un hombre que nació en Polonia, se crió en la selva del Amazonas y se convirtió en uno de los mejores vendedores del mundo de la empresa norteamericana para la cual trabajó por más de veinte años), me ha dicho innumerables veces: *«Hay tres cosas que no vuelven en la vida: la palabra que se dice, la flecha que se dispara y la oportunidad que se pierde»*.[21]

Si quieres caminar exitosamente en tu vida, necesitas aprovechar las oportunidades que se te presentan cada día.

Mi esposa creció en Zimbabwe, África, como hija de misioneros comprometidos a sanar el cuerpo y el alma de las personas a las cuales sirvieron por más de quince años.

Cuando leí el siguiente poema africano por primera vez, pensé en ella, pero también pensé en ti. Pensé que alguna vez escribiría un libro sobre este tema y que me gustaría terminarlo con esas palabras. Tiene mucho que ver con lo que hemos considerado hasta ahora. Tiene mucho que ver con las palabras de aliento con que me gustaría que nos despidamos.

Espero que lo hayas disfrutado. Espero que nos podamos encontrar en algún lugar del sendero del éxito que ambos transitamos.

PARÁBOLA AFRICANA[22]

Cada mañana, en el corazón del África,
una gacela abre sus ojos.
Sabe que debe correr más rápido
que el más veloz de los leones;
de lo contrario, este será su
último día de vida.

Cada mañana, en el corazón del África,
un león se despierta.
Sabe que debe correr más rápido
que la más lenta de las gacelas,
o de lo contrario, morirá de hambre.

Puede que seas león,
o puede que seas gacela...
Pero lo más importante
es que el amanecer
ya te encuentre corriendo.

NOTAS

1 Thomas J. Stanley y William D. Danko, *The Millionaire Next Door, The Surprising Secrets of America's Wealthy*, Pocket Books, New York, 1996, p. 257.

2 Rey Salomón, Libro de los Proverbios, capítulo 21, verso 5, Siglo X a.C., versión *Reina Valera Revisada*, ©Sociedades Bíblicas Unidas, Miami, 1995.

3 Covey, Stephen, *The 7 Habits of Highly Effective People*, Simon & Shuster, 1990, pp. 18, 19.

4 Si deseas ver las *Máximas...*, visita: http://www.nqnet.com.ar/comunidad/opinion/carta.html

5 Libro del profeta Isaías, capítulo 58, Siglo VIII a.C.

6 San Pablo, Siglo I d.C., Segunda Carta a la iglesia de Corinto, capítulo 5, verso 17. Versión *Dios habla hoy.* © Sociedades Bíblicas Unidas, Miami, 1998.

7 Ídem anterior. Carta a los Filipenses, capítulo 4, versos 8 y 9. *Biblia en Lenguaje Sencillo*: Nuevo Testamento. © 2000 Sociedades Bíblicas Unidas, Miami.

8 Anderson, Dave, *Character: The First Non-negotiable Trait in Leadership,* ©1999-2001 Dave Anderson Corporation, Los Altos, California. Para leer todo el artículo:
http://www.bluinc.com/news/character.html

9 Jenson, Ron, *Cómo alcanzar el éxito auténtico,* Future Achievent International, 2002, p. 2.

10 Stowell, Joseph, Instituto Moody, Chicago, 1999.

11 Si te interesa el tema, lee la Primera Carta del Apóstol San Pablo a los Corintios, capítulo 6, versos 1 al 6.

12 Recibido en un e-mail de Norberto Vives, 23 de octubre del 2001.

13 Santa Biblia, Siglo I d.C., Libro de los Hebreos, capítulo 12, versos 1 y 2. Versión *Reina Valera Revisada* (1995) © 1998 Sociedades Bíblicas Unidas, Miami.

14 Maxwell, John. Leadership Wired. *Working Smart.* Junio del 2000 – Volumen 3, Número 11.

15 Jenson, Ron, *Cómo alcanzar el éxito auténtico,* Temecula, California, Future Achievement International, 2003, pp. 21-30.

[16] Evangelio según San Juan, capítulo 8, verso 11. *Traducción en Lenguaje Actual.* © 2000 Sociedades Biblicas Unidas, Miami.

[17] Las Piedras. Correo electrónico, Junio del 2000.

[18] Jensen, Ron, *Cómo alcanzar el éxito auténtico*, p. 204 (ambas historias).

[19] Leadership Wired. The In Joy Group, Atlanta, Georgia, 21 de enero del 2000.

[20] Bits & Pieces, 25 de junio de 1992.

[21] Parece ser una cita de Omar Idn Al-Halif. Para más citas en idioma inglés sobre el tema de la perseverancia, visitar http://www.thinkwow.com/dave/perseverance.htm

[22] Maxwell, John. *Success, One Day at a Time.*

Acerca del Autor

Andrés G. Panasiuk es licenciado en Comunicación Social, con especialidad en Comunicación Interpersonal y de Grupo y posee un doctorado honorario recibido en la India. Es el fundador de El Instituto para la Cultura Financiera. Andrés es un reconocido conferencista y educador internacional en temas de liderazgo organizacional, valores empresariales y alfabetización financiera. Para más información, visite www.culturafinanciera.org.

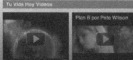